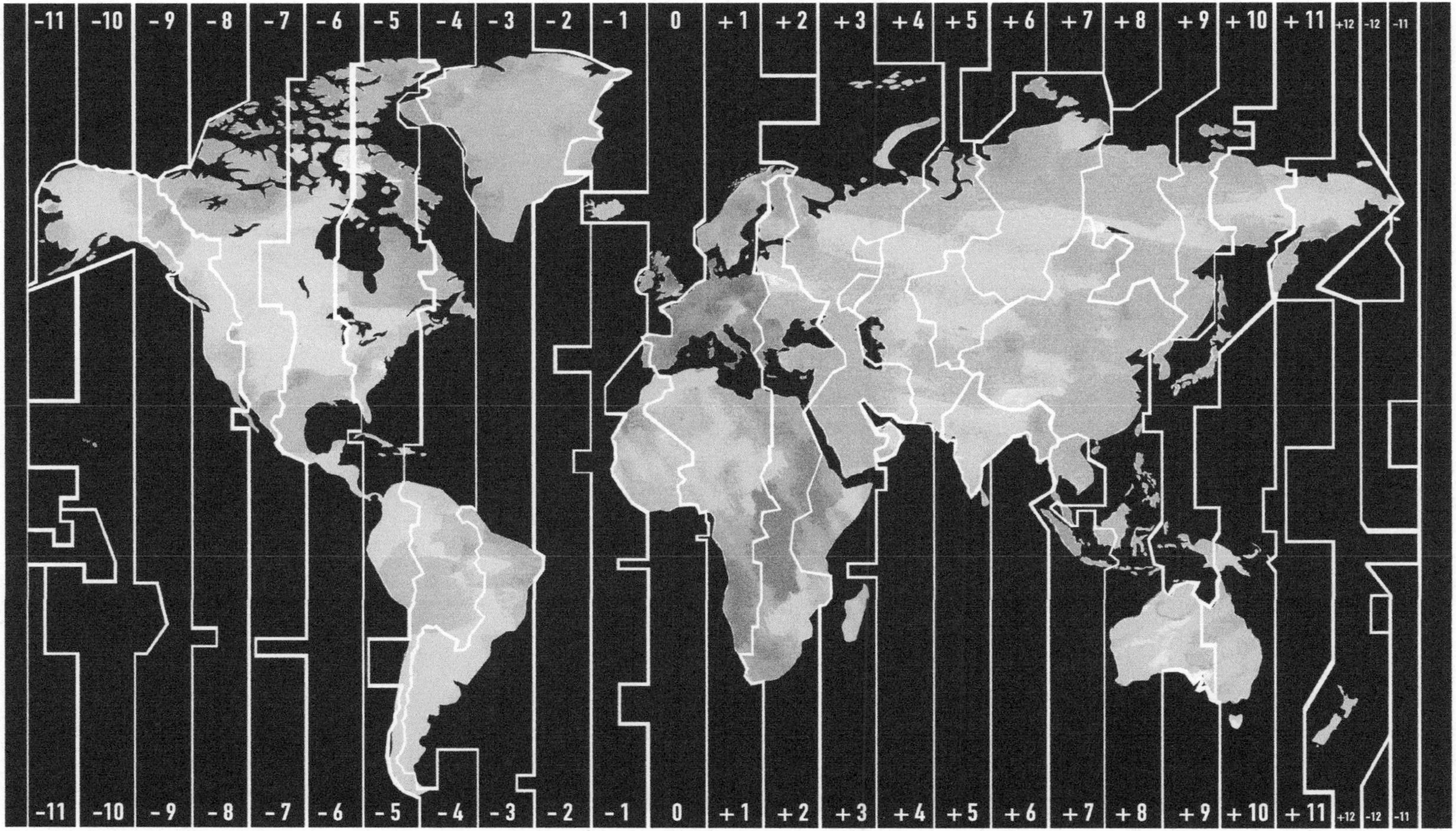

TIME ZONE MAP

DESTINATION(S):

GOOD TO KNOW ABOUT REGION AND CULTURE:

PACKING LIST

TO DO BEFORE LEAVING

BUCKET LIST

BUDGET

TOTAL:

TOTAL:

LOCATION: DATE:

LOCATION: DATE:

LOCATION: DATE:

LOCATION: DATE:

LOCATION: DATE:

LOCATION:

DATE:

LOCATION: DATE:

LOCATION: DATE:

LOCATION: DATE:

LOCATION: DATE:

LOCATION: DATE:

LOCATION: DATE:

LOCATION: DATE:

LOCATION: DATE:

LOCATION: DATE:

LOCATION: DATE:

LOCATION: DATE:

LOCATION: DATE:

LOCATION: DATE:

LOCATION: DATE:

LOCATION: DATE:

LOCATION: DATE:

LOCATION: DATE:

LOCATION: DATE:

LOCATION: DATE:

LOCATION: DATE:

LOCATION: DATE:

LOCATION: DATE:

LOCATION: DATE:

LOCATION: DATE:

LOCATION: DATE:

LOCATION: DATE:

LOCATION: DATE:

LOCATION: DATE:

LOCATION: DATE:

LOCATION: DATE:

LOCATION: DATE:

LOCATION: DATE:

LOCATION: DATE:

LOCATION: DATE:

LOCATION: DATE:

LOCATION: DATE:

OCATION: DATE:

LOCATION: DATE:

OCATION: DATE:

LOCATION: DATE:

LOCATION: DATE:

LOCATION: DATE:

OCATION: DATE:

LOCATION: DATE:

LOCATION: DATE:

LOCATION: DATE:

.OCATION: DATE:

DESTINATION(S):

GOOD TO KNOW ABOUT REGION AND CULTURE:

PACKING LIST

TO DO BEFORE LEAVING

BUCKET LIST

BUDGET

TOTAL:

TOTAL:

LOCATION: DATE:

LOCATION: DATE:

LOCATION: DATE:

LOCATION: DATE:

LOCATION: DATE:

LOCATION: DATE:

LOCATION: DATE:

LOCATION: DATE:

LOCATION: DATE:

LOCATION: DATE:

LOCATION: DATE:

LOCATION: DATE:

LOCATION: DATE:

LOCATION: DATE:

LOCATION: DATE:

LOCATION: DATE:

LOCATION: DATE:

LOCATION: DATE:

LOCATION: DATE:

LOCATION: DATE:

LOCATION: DATE:

LOCATION: DATE:

LOCATION: DATE:

LOCATION: DATE:

LOCATION: DATE:

LOCATION: DATE:

LOCATION: DATE:

LOCATION: DATE:

LOCATION: DATE:

LOCATION: DATE:

LOCATION: DATE:

OCATION: DATE:

LOCATION: DATE:

CATION: DATE:

LOCATION: DATE:

.OCATION: DATE:

LOCATION: DATE:

OCATION: DATE:

LOCATION: DATE:

OCATION: DATE:

LOCATION: DATE:

LOCATION: DATE:

LOCATION: DATE:

LOCATION: DATE:

LOCATION: DATE:

OCATION: DATE:

LOCATION: DATE:

LOCATION: DATE:

LOCATION: DATE:

LOCATION: DATE:

Made in the USA
Coppell, TX
27 October 2021

64796908R00069